FORMULAIRE RAISONNÉ

DE

RÉQUISITIONS D'ÉTATS HYPOTHÉCAIRES

AVEC

NOTES ET OBSERVATIONS

Par E. RACLOT

Conservateur des Hypothèques.

PRIX : 1 Fr. 25

(Contre mandat à l'auteur)

CHATEAUROUX

IMPRIMERIE TYPOGRAPHIQUE ET LITHOGRAPHIQUE L. BADEL

1891

FORMULAIRE RAISONNÉ

DE

RÉQUISITIONS D'ÉTATS HYPOTHÉCAIRES

AVEC

NOTES ET OBSERVATIONS

Par E. RACLOT

Conservateur des Hypothèques.

PRIX: 1 Fr. 25

(Contre mandat à l'auteur)

CHATEAUROUX

IMPRIMERIE TYPOGRAPHIQUE ET LITHOGRAPHIQUE L. BADEL

1891

PRÉFACE

En cherchant à résoudre un problème pour son propre compte, un Conservateur des Hypothèques se trouve avoir, pour ainsi dire, à son insu, composé un opuscule renfermant des formules de réquisitions d'états qu'il considère comme méthodiques et exemptes d'équivoque.

Il livre au public le résultat de ce modeste et consciencieux travail.

Confolens, 7 mai 1891.

ABRÉVIATIONS PRINCIPALES

J. C.   — *Journal des Conservateurs.*
R. H.   — *Revue hypothécaire.*
C. C.   — *Code civil.*
C. P. C.   — *Code de Procédure civile.*
Beauvallet.   — *Etats sur Transcriptions, par M. Beauvallet.*
Dict. Réd.   — *Dictionnaire des Rédacteurs.*
Cass.   — *Arrêt de Cassation.*
I. G.   — *Instructions générales de l'Enregistrement.*

Nº 1

ÉTAT individuel d'Inscriptions

·*Conservation des Hypothèques de*

<table>
<tr><td colspan="4">ANNOTATIONS DU CONSERVATEUR</td></tr>
<tr><td colspan="2">RÉPERTOIRE</td><td colspan="2">REGISTRE DES INSCRIPTIONS</td></tr>
<tr><td>Vol.</td><td>Nᵒˢ</td><td>Vol.</td><td>Nᵒˢ</td></tr>
</table>

Je, soussigné, agissant au nom de

Requiers la délivrance de l'état des inscriptions (non radiées) prises au profit du Crédit foncier à toute date, et au profit de tous autres depuis dix ans, jusqu'à ce jour exclusivement,

Contre : 1º

Approuvé la rature de   mots nuls.

A   le

OBSERVATIONS

Les réquisitions n'embrassent, en général, que la période décennale ; rien ne s'oppose, cependant, à ce qu'un état individuel embrasse une période plus ou moins étendue, sauf à préciser par les mots : état des inscriptions prises de tel jour (inclusivement ou exclusivement), à tel autre (inclusivement ou exclusivement). Cette faculté est étendue aux états sur transcription par l'arrêt de cassation du 6 janvier 1891.

Si les mots *inclusivement* ou *exclusivement* sont omis dans la réquisition, elle est interprétée *lato sensu*.

Il faut avoir soin d'indiquer, à l'égard des personnes contre lesquelles on requiert : noms potronymiques, — prénoms entre parenthèses (Circ. min. Just., 12 mai 1883), — domiciles actuel et antérieur, — état de veuf ou veuve, célibataire ou marié, — noms et prénoms de l'époux ou de l'épouse actuels et antérieurs, s'il y a lieu ; en un mot, tous les renseignements de nature à les faire bien reconnaître (art. 2148 et 2153 C. C.)

Quand on désire restreindre sa demande à l'un ou quelques-uns des immeubles possédés par les personnes contre lesquelles on requiert, en indiquer la nature et la situation.

Quand on demande l'exclusion de telles ou telles inscriptions, il est indispensable d'en énoncer la date, le volume et le numéro. Mais il n'est pas interdit au Conservateur, après les avoir rappelées dans son certificat, de déclarer qu'il entend ne rien certifier à leur égard. Suivant l'article 504 de la *Revue Hypothécaire*, il suffirait même d'énoncer que la réquisition comporte l'exclusion de tant d'inscriptions. Pour les réserves que le Conservateur a le droit de faire, V. notamment C. d'Orléans, 12 déc. 1884 ; J. C. 3609.

Apposer le cachet de l'Étude, quand les réquisitions sont signées par des clercs.

N° 2

État individuel d'Inscription par relevé succinct

Conservation des Hypothèques de

ANNOTATIONS DU CONSERVATEUR			
RÉPERTOIRE		REGISTRE DES INSCRIPTIONS	
Vol.	Nᵒˢ	Vol.	Nᵒˢ

Je, soussigné, agissant au nom de

Requiers la délivrance d'un relevé succinct des inscriptions (non radiées) prises au profit du Crédit foncier à toute date, et au profit de tous autres depuis dix ans, jusqu'à ce jour exclusivement, avec les seules indications ci-dessous :

1o Date, volume, numéro des inscriptions ; 2o noms, prénoms, professions, domiciles des créanciers ; 3o date et nature des titres ; 4o désignation du notaire ou du tribunal ; 5o sommes conservées ; principal et intérêts échus ; accessoires évalués ; 6o date, volume, numéro des inscriptions renouvelées ;

Contre: 1º

Approuvé la rature de   mots nuls.

A   le

OBSERVATIONS

On demande l'état sous cette forme, quand on désire connaître une situatio hypothécaire d'une façon sommaire et expéditive.

Voici les motifs sur lesquels les Conservateurs peuvent s'appuyer pour faire droit à cette demande, et que les parties peuvent invoquer pour obtenir satisfaction.

Premièrement.— Il est vrai que, d'après l'article 2196 C. C., les Conservateurs doivent délivrer *copie* des inscriptions ; mais, suivant l'article 853 C. P. C., les dépositaires des registres publics (au nombre desquels figurent incontestablement les Conservateurs), en délivreront des *copies* ou *extraits*. D'autre part, les *extraits* sont tarifés par l'article 15 de la loi du 21 ventôse an VII, l'article 6 du décret de 1810, et l'ordonnance du 10 octobre 1841 (V. J. C. 3620).

Deuxièmement.— Deux décisions administratives des 30 juin 1863 et 10 septembre 1866, autorisent les Conservateurs, quand ils sont formellement requis, et quand ils n'y voient aucun inconvénient, à délivrer de *simples certificats* énonçant la date, le volume et le numéro sous lesquels un acte a été transcrit. (Dict. Red. V° hyp. n° 344). Comme on le verra aux observations qui suivent la formule n° 5, les *extraits* de transcription sont permis depuis la loi de 1855, dont l'article 5 a été édicté pour parer aux inconvénient que présentait la rigoureuse application de l'article 2196 C. C. Il y a identité de motifs pour que les extraits d'inscriptions soient admis et reconnus.

Troisièmement.— Une solution administrative du 25 novembre 1871, porte textuellement que « tout est facultatif en matière hypothécaire » et que les états ne peuvent comprendre rien de moins ni rien de plus que ce qui est demandé, comme l'ont reconnu les I. G. 1046 et 1626 (J. C. 3214).

Quatrièmement. — Les Conservateurs sont tenus de se conformer, sans les discuter, aux réquisitions des parties, clairement et nettement exprimées, ainsi qu'il résulte notamment des arrêts et jugements ci-après : C. Caen, 26 déc. 1848, J. C. 464 ; — St-Omer, 18 janvier 1851 ; J. E. 20859 (R. h. 545) ; — Angers, 23 août 1856 ; Dalloz, 1856, 2. 270. — Orléans, 2 déc. 1858 ; Sirey, 1859, 1. 641 (R. h. 504) ; — Cass. Req., 26 juillet 1859 (J. C. 1517) ; — Auxerre, 24 juin 1879 (J. C. 3400) ; — Vitré, 7 déc. 1885 (J. C. 3730, R. h. 30) ; — Beauvais, 27 déc. 1889 (R. h. 583) ; — Cass., 6 janv. 1891 (R. h. 746).

Cinquièmement. — Les états d'inscriptions requis par les Compagnies de chemins de fer en matière d'expropriation, pour cause d'utilité publique, sont délivrés sur des formules imprimées ne contenant que des indications sommaires, et l'Administration de l'Enregistrement ne critique point cette pratique.

Si ce mode de procéder se généralisait, ce ne serait pas au détriment du Trésor, qui gagnerait largement d'un côté ce qu'il perdrait de l'autre, toute raison cessant d'accéder, dans un moment de presse, à des demandes de renseignements verbaux.

Rien ne s'opposerait à ce que MM. les notaires ne requièrent la copie intégrale : 1° des inscriptions prises en vertu d'acte passés hors de leurs études ; 2° Des mentions de radiations partielles ou de subrogation résultant d'actes dressés par leurs confrères.

Ce qui est indéniable, c'est que la célérité est l'un des *desiderata* de la situation, et que pour donner en partie satisfaction à ce besoin, il n'existe guère d'autre moyen que celui des simplifications ou abréviations, jusqu'à ce que s'accomplisse la réforme fondamentale dont la nécessité se fait vivement sentir.

Ces simplifications ne peuvent qu'être accueillies avec faveur, quand loin de déroger aux lois, elles rentrent dans leur esprit, dont le but a été de favoriser et non d'entraver l'essor des transactions.

On ne peut que former des vœux pour que les paroles prononcées par M. le Président de la République à Marseille, le 18 avril 1890, se réalisent : *rendre le prêt et le crédit accessibles aux petites bourses...*, ainsi que pour l'accomplissement d'une réforme ayant pour objet la proportionnalité des droits et salaires.

Conservation des Hypothèques

de

____

RELEVÉ succinct comprenant, avec les seules indications ci-dessous, d'après la réquisition formelle de M.   , agissant au nom de   , les Inscriptions (non radiées) prises au profit du Crédit Foncier à toute date, et au profit de tous autres depuis dix ans, jusqu'à ce jour exclusivement, contre : 1°

INSCRIPTIONS			NOMS, PRÉNOMS, PROFESSION, DOMICILE DES CRÉANCIERS	TITRES		NOM DU NOTAIRE ou DU TRIBUNAL	SOMMES CONSERVÉES		DATE, VOLUME, NUMÉRO des inscriptions renouvelées
Volume	Numéro	DATE		DATE	NATURE		Principal et intérêts échus	Accessoires évalués	

Relevé à délivrer en réponse à la réquisition n° 2, et pouvant être établi sur cadre de la dimension du timbre à 0.60.

N° 4

ETAT individuel des Inscriptions, Saisies, Transcriptions, Mentions

Conservation des Hypothèques de

Je, soussigné, agissant au nom de

Requiers la délivrance d'un état comprenant, jusqu'à ce jour exclusivement, et en ce qui concerne les immeubles désignés en l'acte obligatoire déposé ce jour pour être inscrit :

Premièrement. — Les inscriptions (non radiées) prises au profit du Crédit Foncier à toute date, et au profit de tous autres depuis dix ans ;

Deuxièmement. — Par relevé succinct (mentionnant seulement : date, vol., n° de la transcription ; noms, profession, domicile des parties ; désignation sommaire des immeubles ; prix ou revenu ; date et nature de l'acte ou du jugement ; nom du notaire ou du tribunal [1]), les transcriptions, autres que celles énoncées audit acte: 1° des saisies et dénonciations de saisies subsistantes [2] ; 2° des aliénations et actes ou jugements de même nature spécifiés aux art. 1 et 2 de la loi du 23 mars 1855, depuis [3]   ; et des actes prévus aux art. 939 et 1069 C. C., à toute date ; 3° des jugements et mentions de résolution, nullité ou rescision transcrits ou faisant l'objet d'émargements, en exécution des art. 4 et 11 de la même loi ;

Contre : 1°

Approuvé la rature de

A   le

NOTES ET OBSERVATIONS

(1) Voir art. 1062, J. C., p. 285, 289, 290.

(2) C'est-à-dire non radiées, ayant produit, ou susceptibles encore de produire leur effet.

(3) Voir note 3 de la 6e formule.

Il est naturel que les Conservateurs s'entourent des précautions propres à sauvegarder leur responsabilité, tout en respectant les droits et intérêts des parties.

Si on ne désire les inscriptions que par extraits, se conformer de ce chef à la ormule n° 2.

Les prêteurs ont intérêt à savoir non seulement s'il existe des inscriptions sur les biens de leurs emprunteurs, mais encore si la propriété leur en a été régulièrement transmise, s'ils en sont encore possesseurs au moment du prêt. Les donataires ont intérêt à savoir exactement quelles charges grèvent les biens immobiliers qui leur sont transmis. Dans les villes où le notariat se fait de manière à assurer la sécurité des transactions, on ne manque pas de demander des états conformes à la formule n° 4, dans les divers cas où ils sont utiles.

Passer des traits sur les § qu'on veut supprimer.

N° 5

ETAT des transcriptions

Conservation des Hypothèques de

ANNOTATIONS DU CONSERVATEUR			
RÉPERTOIRE		REGISTRE DES INSCRIPTIONS	
Vol.	N°˙	Vol.	N°˙

Je, soussigné, agissant au nom de

Requiers la délivrance d'un relevé succinct (mentionnant seulement : date, volume, numéro de la transcription ; noms, profession, domicile des parties ; désignation sommaire des immeubles ; prix ou revenu ; date et nature de l'acte ou du jugement ; nom du notaire ou du tribunal), des Transcription d'actes d'aliénation, depuis le   jusqu'à ce jour exclusivement,

Contre : 1°

Approuvé la rature de

A   le

OBSERVATIONS

État utile à requérir notamment avant de procéder à une saisie, ou tout au moins avant de la présenter à la transcription.

Quand on désire connaître les acquisitions, on remplace par ce mot celui d'aliénations.

Quand on désire une copie collationnée, la réquisition est tellement facile à dresser, qu'il est superflu d'en donner la formule.

Réquisition d'extraits. — Résumé des articles du J. C. cités ci-dessous.

1º L'art. 5 de la loi du 23 mars 1855 permet les extraits (J. C. art. 1862) ;

2º Il est répondu à une demande de l'état des transcriptions, non par des extraits analytiques, mais par des *états succincts* (art. 1895 et 1915 J. C.) ;

3º L'on doit répondre par une copie collationnée à une demande d'état général des transcriptions, et par *un état succinct* à une réquisition faite en vertu de la loi du 23 mars 1855 (art. 1916 et 1862 J. C.) ;

4º C'est pour parer aux inconvénients que présentait la rigoureuse application de l'art. 2196 C. C., et pour faciliter les transactions, que l'art. 5 de la loi du 23 mars 1855 a été édicté (art. 1862 J. C.)

— « La décision du 28 oct. 1875 (qui prohibe les *extraits de saisies*) paraît en contradiction avec celles des 30 juin 1863 et 10 septembre 1866. » (*Dictionn.-Réd.*, Nº 346, v. hyp.) Suivant ces solutions, les Conservateurs qui en sont requis *formellement* et qui n'y voient aucun inconvénient... délivrent de *simples certificats* énonçant la date, le volume et le numéro sous lesquels un acte a été transcrit. (*Ibid.*, Nº 344.)

N° 6

État sur Transcription [1]

Conservation des Hypothèques de

Aujourd'hui, a été déposée, pour être transcrite, l'expédition d'un acte translatif d'immeubles passé devant M°
le · , entre d'une part M
et d'autre part M
Sur laquelle formalité est requise par le soussigné, au nom de

La délivrance : *Premièrement*, de la copie séparée de l'inscription d'office pour les aliénateurs ;

Deuxièmement, en ce qui concerne les immeubles aliénés, et contre les aliénateurs et les précédents possesseurs individuellement dénommés audit acte (ainsi que contre les précédents possesseurs révélés par les transcriptions [2]) d'un état comprenant, jusqu'au lendemain exclusivement de la transcription requise, 1° les inscriptions (non radiées) prises au profit du Crédit Foncier à toute date, et au profit de tous autres depuis dix ans, y compris l'inscription d'office [3] ; 2° par relevés succincts (mentionnant seulement : date, volume, numéro de la transcription ; noms, profession, domicile des parties ; désignation sommaire des immeubles ; prix ou revenu ; date et nature de l'acte ou jugement ; nom du notaire ou du tribunal), les Transcriptions autres que celles énoncées en l'origine de propriété établie audit acte :

A. Des saisies et dénonciations de saisies subsistantes ;

B. Des aliénations et actes ou jugements de même nature spécifiés aux art. 1 et 2 de la loi du 23 mars 1855, depuis [4]
; et des actes prévus aux art. 939 et 1069 C. C., à toute date [5].

C. Des jugements et mentions de résolution, de nullité ou rescision transcrits ou faisant l'objet d'émargements en exécution des art. 4 et 11, § 3 de la loi du 23 mars 1855.

Approuvé la rature de   mots et   lignes.

A   le

NOTES ET OBSERVATIONS

(1) Le seul répondant complètement au vœu de l'art. 2198 C. C., et à requérir à la date du lendemain de la transcription, dans les cas autres qu'en matière d'expropriation forcée ou pour cause d'utilité publique. (Pour ces derniers cas, voir formules Nos 10, 12, 13 ci-après). Avant de se libérer de son prix, l'acquéreur doit, s'il ne veut pas s'exposer à le payer deux fois, purger de toutes charges l'immeuble acquis. Il lui est donc nécessaire de connaître, non seulement les inscriptions, mais encore les autres charges qui peuvent le grever. (Pour la purge des hypothèques légales, voir art. 2121 C. C., loi du 13 février 1889, et formule N° 8 ci-après.)

(2) Il est prudent de requérir contre les précédents possesseurs connus à la Conservation, quand l'origine de propriété est incomplète. (M. Beauvallet, *États sur transc.*, p. 46.)

(3) Une décision administrative du 25 octobre 1855 porte que les Conservateurs doivent délivrer dans leur état l'inscription *d'office, à moins qu'ils n'en soient formellement dispensés par la réquisition.* (Hervieu, *Priv. et hgp.*, p. 278.)—V. *Rev. hyp.*, art. 591, VII. — « Si la réquisition ne contient aucune indication relative à l'inscription d'office, le Conservateur peut la délivrer, lorsque cette pratique ne soulève pas de difficulté ; mais il n'a à craindre aucun danger en ne la portant pas dans l'état. ») M. Jalouzet, art. 3374 *in fine* J. C.) — Le danger est encore moindre, depuis l'arrêt de cass. du 6 janvier 1891. (V. art. 3400 J. C.) —(R. h. 13, D., 37, R.)

(4) Généralement, depuis trente ans écoulés. Les parties ont la faculté de restreindre la période des recherches ; mais il sera prudent, au contraire, de remonter au-delà de trente ans, et jusqu'à l'époque de l'acquisition faite par l'auteur d'une succession, quand les biens aliénés auront cette origine. (Beauvallet, p. 46, note.)

(5) Ou depuis...

Si on ne désire qu'un extrait des inscriptions, se conformer de ce chef à la formule N° 2.

Cette formule, correspondant à celle de M. Fouillon, *Droit commun*, N° 1, R. h. 686, s'applique, abstraction faite de l'inscription d'office, qui ne doit pas être délivrée : 1° au cas de cessions sur consentement volontaire consenties aux communes et établissements publics ; 2° au cas de cessions intéressant les chemins vicinaux, pour un prix supérieur à 500 francs. (V. Circ. min. du 31 juillet 1863, et Circ. comptab. publ. du 30 juillet 1867.) — Voir, à ce sujet, Code Berger-Levrault, 1879, Nos 220, 221, 224.)

N° 7

ÉTAT sur transcription requis postérieurement à cette transcription [1]

Conservation des Hypothèques de

Je soussigné, requiers, au nom de
la délivrance, en ce qui concerne les immeubles dont la transmis
sion a été opérée suivant acte passé devant M°
le   , et transcrit le   vol.   ,
n°   ,
d'un état comprenant, jusqu'à ce jour exclusivement, les inscriptions (non radiées) prises au profit du Crédit Foncier à toute date,
et au profit de tous autres depuis dix ans.

Contre [2]

Approuvé la rature

A   le

NOTES ET OBSERVATIONS

---

(1) A l'effet de connaître les modifications survenues depuis la délivrance de l'état sur transcription proprement dit, — soit en vue d'obtenir un certificat négatif après la purge, — soit de procéder à un ordre, auquel cas l'état doit être délivré comme état complémentaire, et comme il est dit aux observations qui suivent la formule n° 9.

(2) Les aliénateurs et les précédents possesseurs qui figurent comme grevés dans l'état requis lors de la transcription et qu'il sera bon de représenter.

A l'égard de l'état requis postérieurement à la transcription et destiné à tenir lieu de l'état sur transcription, voici textuellement ce qu'on lit dans le traité des états sur transcription de M. Beauvallet, p. 38 : « Quand la réquisition et la transcription ne sont pas concomitantes, il est bon de faire préciser la date à laquelle l'état sera arrêté, s'il y a doute. La fixation d'une époque postérieure au jour de la transcription a souvent pour effet d'éliminer toutes les inscriptions, autres que celles du Crédit Foncier, remontant à plus de dix ans. Les effets controversés de la purge, ceux de la cession de biens (Art. 1266 C. c.) n'entrent pas ordinairement dans les prévisions du requérant. »

Si on ne désire qu'un extrait des inscriptions, se conformer de ce chef à la formule n° 2.

N° 8

État d'inscriptions d'hypothèques légales (aliénations volontaires)

Conservation des Hypothèques de

Je, soussigné, requiers la délivrance de l'état des inscriptions d'hypothèques légales, survenues jusqu'

exclusivement (1), depuis et y compris le lendemain de la transcrip-

tions, opérée le   volume   ,

numéro   , d'un acte translatif d'immeubles passé devant

, le   ,

Contre les aliénateurs et les précédents possesseurs figurant en l'état sur transcription délivré le

Approuvé la rature

A   le

NOTES ET OBSERVATIONS

(1) Lendemain de l'expiration des deux mois d'exposition du contrat (Art. 2193 à 2195 C. c.). Les termes de la réquisition devront subir une modification, quant au point de départ, quand la purge des hypothèques légales *précèdera la transcription* (Dalloz, Codes ann., vol. 2, p. 1101; Rép. v° Priv. et hyp. 2236; Delvincourt, t. 3, p. 375; Bioche, Purge légale, § 1-14; P. Pont, Priv. et hyp., vol. 2, p. 1178, n° 1407; Baudot, vol. 2, n° 1220; Troplong, Priv. et hyp., t. 4, n° 977; Duranton, t. 20, n° 416, note 2); il en sera de même suivant que le délai de deux mois sera considéré comme ayant couru : du jour de la publication ordonnée par l'art. 696 C. p. c., du jour de la signification de l'acte de dépôt ou du jour de la délivrance du certificat constatant qu'il n'existe pas de journal officiel (Bioche, loc. cit. — Avis du Conseil d'Etat, du 9 mai-1er juin 1807). Suivant M. Troplong, ajoute cet auteur, le délai court du jour de l'apposition de l'affiche qui a lieu ordinairement le jour du dépôt.

Purge spéciale aux Sociétés de Crédit Foncier, art. 19 et suiv., loi du 10 juin 1853. — (Purge, aliénation volontaire, Beauvallet, art. 50).

Ne pas oublier la nouvelle *variété d'hypothèque légale* reconnue par la Cour de Poitiers, arrêt du 5 mai 1887, celle de l'article 1017 C. c. (R. H. 614).

Voir pour les exclusions d'inscriptions d'une certaine catégorie, J. C. 2678, 3327.

N° 9

État sur transcription de saisie-immobilière

Conservation des Hypothèques de

Je, soussigné, requiers, contre les saisis et les précédents possesseurs *connus du Conservateur*

la délivrance de l'état des inscriptions (non radiées) prises au profit du Crédit Foncier à toute date, et au profit de tous autres depuis dix ans jusqu'à ce jour inclusivement, et grévant les immeubles compris en la saisie pratiquée par

à l'encontre de   , et transcrite le

(ou aujourd'hui).

Approuvé la rature de

A   le

OBSERVATIONS

Quand le Conservateur déclare que les transcriptions ne lui ont pas révélé de précédents possesseurs, l'avoué, agissant au nom du poursuivant, a le devoir de les rechercher, ou tout au moins de signaler au Conservateur ceux que l'examen du dossier lui a révélés à lui-même (Art. 1193, p. 260 ; 1203, p. 300 ; 2408; 3463, p. 328, J. C.). D'après deux jugements du tribunal de Montpellier, des 27 décembre 1879 et 29 novembre 1880, cités à l'art. 3463, J. C., « le vœu de la loi est rempli lorsque les créanciers inscrits sont sommés, à moins qu'il ne soit établi que c'est par suite de désignation insuffisante de la part du poursuivant que certains créanciers ne figurent pas dans le certificat. » La Cour de Bourges a même décidé, le 13 décembre 1851, ainsi que celle d'Aix, en 1865, que le poursuivant est tenu notamment de consulter la matrice cadastrale et rendu l'avoué responsable de l'irrégularité de la poursuite (J. C. 756, opuscule de M. Tessonnière, p. 31).

Adde: Cass. 27 novembre 1811 ; Hervieu, Privil. et hyp., p. 273 ; Nevers, 8 août 1849 ; Cour de Caen, 14 novembre 1849 ; Montmorillon, 30 août 1851 ; Vouziers, 27 novembre 1856.

Si on ne désire qu'un extrait des inscriptions, se conformer de ce chef à la formule n° 2, en y ajoutant, à la suite de la nomenclature des indications requises, la demande de tout autre renseignement, tel que celui de l'élection de domicile. A cet effet, on pourrait ajouter une ou deux colonnes à la formule n° 3, en la faisant établir sur une feuille de la dimension à 1 fr. 20.

N° 10

ÉTAT sur transcription d'Adjudication, par suite d'expropriation forcée

---

Conservation des Hypothèques de

Je soussigné, agissant au nom de

Requiers, sur la transcription d'un acte (ou jugement) du
transcrit le   , volume   ,
numéro   , et portant adjudication, au profit de
, du   lot des immeubles saisis sur
, et en ce qui concerne lesdits immeubles,

Contre les saisis et les précédents possesseurs connus du
Conservateur (ou dénommés individuellement en l'origine de propriété établie audit acte ou jugement, si elle est suffisante),
la délivrance de l'état des inscriptions (non radiées), prises au
profit du Crédit Foncier à toute date, et au profit de tous autres,
depuis 10 ans, jusqu'au lendemain exclusivement de ladite transcription, y compris l'inscription d'office [1].

Approuvé la rature de

A   , le

NOTES ET OBSERVATIONS

(1) Voir Note 3 de la formule N° 6.

Suivant les prescriptions de l'art. 750, C. P. C., le poursuivant ordre doit produire l'état des inscriptions et requérir l'ouverture de l'ordre.

Cet état spécial doit contenir l'inscription d'*office* (Hervieu, Priv. et hyp.. p. 272) ; il doit être pris le jour même de la réquisition d'ouverture de l'ordre. — Voir Cass. 2 juin 1831 ; J. C. 25 ; — Cour de Dijon, 13 août 1855 ; J. C., 1164 ; — Cour de Rouen, 27 août 1839 ; J. C., 1809 ; — Lorient, 18 novembre 1868 ; J. C., 2408 ; — même art. 2408. « L'arrêt de 1831 s'applique à la procédure suivie pour un règlemnt amiable comme à un règlement judiciaire; » — M. Tessonnière, p. 29 ; — M. Beauvallet, art. 80.

Sa production est justifiée par ce motif qu'entre la date de l'état délivré sur la transcription et celle de la réquisition d'ouverture d'ordre, il peut s'être écoulé un certain laps de temps, pendant lequel des modifications, telles que subrogations, radiations, peuvent avoir eu lieu, et que les sommations de produire doivent être adressées aux véritables intéressés, et à eux seuls.

Le poursuivant « est autorisé à restreindre sa demande à un état supplétif. » (M. Beauvallet, *loc. cit.*)

MM. Hervieu et Emion sont d'avis qu'on ne peut exiger du Conservateur qu'il certifie en marge du premier état les modifications survenues depuis (J. C. 2267), et qu'il ne peut répondre que par un état général (J. C. 1961). Telle est également l'opinion de M. Tessonnière.

« Malgré la prescription de l'art. 22 de la loi du 13 brumaire an VII..., l'Administration tolère ces modifications en marge de la copie antérieure des inscriptions y relatives, » dit M. Beauvallet, *loc. cit.*

« Le certificat attestant qu'il ne s'est produit aucune modification dans les inscriptions, est irrégulier. » (R. H., art. 160 et 251).

— De ces citations et de l'examen des textes se dégagent les conclusions suivantes : l'état à déposer à l'appui d'une réquisition d'ouverture d'ordre, doit être complet, et ne l'est réellement que s'il a été certifié sur les saisis et tous les précédents possesseurs, et qu'à la condition : *soit* d'avoir été délivré à la date de la réquisition d'ouverture d'ordre, et d'embrasser la période écoulée depuis la délivrance de l'état sur saisie jusqu'à celle de la réquisition, l'un complétant l'autre ; *soit* de l'avoir été sur et avec la transcription de l'adjudication, sauf à être émargé des modifications survenues depuis sa délivrance jusqu'à ladite réquisition, ou complété par un troisième et dernier état (le premier ayant été délivré sur la transcription de la saisie.)

Il est bien certain que pour procéder à un ordre, on doit présenter au juge-commissaire non seulement l'état des inscriptions qui existaient au lendemain de la transcription du contrat exclusivement, mais encore l'état des modifications survenues depuis cette époque jusqu'au jour de la réquisition d'ouverture, et ce pour le motif déjà invoqué.

Il est non moins certain qu'il y a lieu à cette production en cas d'ordre, ayant pour objet le prix d'une vente volontaire, aussi bien qu'en cas d'ordre ayant pour objet le prix d'une vente sur expropriation forcée.

N° 11

RÉQUISITION de mention d'Adjudication par suite de Saisie [1]

Conservation des Hypothèques de

Je soussigné, requiers M. le Conservateur de mentionner, conformément aux articles 693 (nouveau) et 716 C. P. C., l'adjudication du   lot des biens saisis sur

et dont la transcription a eu lieu le   , volume   ,

numéro   , en marge de la saisie transcrite le   ,

volume   , numéro   .

Approuvé la rature de   mots nuls.

A   , le

N° 12

Réquisition d'Etat sur transcription en matière d'Expropriation pour cause d'utilité publique

---

Conservation des Hypothèques de

Aujourd'hui (ou : le.....), a été déposé, pour être transcrit, un acte passé devant

le   et contenant cession par

à   , sur laquelle formalité

Il est requis contre [1]

la délivrance d'un état comprenant, jusqu'au jour de la transcription dudit acte inclusivement :

Premièrement. — Les inscriptions (non radiées), prises au profit du Crédit Foncier à toute date, et au profit de tous autres depuis dix ans [2] ;

Deuxièmement. — Les saisies et dénonciations de saisies subsistantes, par relevés succincts (contenant seulement : date, volume, numéro de leur transcription ; noms des saisissants et des saisis, ainsi que leurs professions et domiciles ; désignation sommaire des biens saisis) [3].

Approuvé la rature de

A   , le

NOTES ET OBSERVATIONS

(1) Extrait de l'art. 20 de la R. H., par M. Beauvallet : « Par dérogation au droit commun, l'Etat, les départements, les communes et les concessionnaires, sont complètement à couvert quand ils ont requis le certificat des inscriptions prises : 1° sur le propriétaire inscrit à la matrice cadastrale, dans le cas où l'indemnité est réglée avec lui ; 2° sur tous les propriétaires dénommés dans le contrat, si l'expropriant traite avec un propriétaire autre que celui qui est dénommé à la matrice. — (Déc. minist. Trav. Publ., 11 décembre 1877 ; Géraud, supp. trim., 582 ; de Lalleau, 717, 722, 733, 734, 930, 1067, 1068.) »

(2) Voir I. G., 2713, pour les cas où doit être prise l'inscription d'*office*.

(3) Voir note 1 de la formule N° 4.

« Si la transcription de la cession avait été requise avant l'accomplissement des formalités prescrites par les art. 6 et 15 de la loi du 3 mai 1841, il y aurait lieu à une nouvelle transcription et à un nouveau certificat du Conservateur. (M. Beauvallet, R. H., art. 15.)

Lorsqu'une cession a eu lieu en vertu de l'art. 50, et en conformité de l'art. 41 de la même loi, l'aliénation de la parcelle non comprise dans le traité primitif constitue une vente rendant nécessaires de nouvelles opérations de transcription et purge. (J. C., 3441.)

Si on ne désire qu'un extrait des inscriptions, se conformer de ce chef à la formule N° 2.

Voir observation finale de la formule N° 6.

Cette formule et la suivante correspondent aux formules N°s 5 et 6 de M. Fouillon, R. H., 686.

Voir le *Code* Berger-Levrault, ainsi que les circulaires déjà citées aux observations de la formule N° 6.

N° 13

ETAT sur transcription, en matière d'expropriation pour cause d'utilité publique, à requérir quinzaine après transcription de l'acte de cession.

Conservation des Hypothèques d

Je, soussigné, requiers, contre les expropriés et les précédents possesseurs dénommés en la transcription opérée le
volume   , numéro   , d'un acte de cession passé
devant   le

La délivrance d'un état comprenant les inscriptions survenues depuis le lendemain inclusivement de ladite transcription jusqu'à ce jour exclusivement (lendemain de l'expiration de la quinzaine qui a suivi la transcription).

Approuvé la rature de   mots nuls

A   le

OBSERVATIONS S'APPLIQUANT AUX FORMULES Nos 12 et 13

M. Jalouzet pense qu'un état sur transcription ne doit jamais embrasser une période supérieure à dix ans (R. H., art. 751). C'est ce qui explique la demande de deux états sur transcription, en matière d'expropriation pour cause d'utilité publique: l'un requis le lendemain de la transcription (formule n° 12) ; et l'autre, le lendemain de l'expiration du délai de quinzaine, délai pendant lequel des inscriptions peuvent se révéler utilement (formule n° 13).

M. Beauvallet pense, au contraire, qu'il y a lieu à la délivrance d'un état unique, embrassant la double période de dix ans et de quinzaine en plus réunies. Suivant cet auteur, la réquisition de l'unique état devrait être formulée ainsi qu'il suit, en supposant que l'on requière sur une transcription opérée le 2 février 1891 : « Etat des inscriptions existantes jusqu'au 17 février 1891 inclusivement, depuis toutes dates en ce qui concerne celles du Crédit Foncier, et depuis le 2 février 1881 pour les autres. » — Ou bien encore : « Etat des inscriptions existantes jusqu'à l'expiration de la quinzaine qui suit la transcription, depuis toutes dates en ce qui concerne celles du Crédit Foncier, et depuis dix ans avant cette transcription pour les autres. » (Etats hyp., principes généraux).

Divers articles ont été publiés sur cette question, soit dans le *Journal des Conservateurs*, soit dans la *Revue Hyp.* ; mais elle n'a pas encore été tranchée par les tribunaux.

Voir I. G. 2086, d'après laquelle les certificats « doivent être délivrés, non immédiatement après la transcription, mais à l'expiration du délai de quinzaine, comme avant la mise à exécution de la loi du 23 mars 1855. »

Si on ne désire qu'un extrait des inscriptions, se conformer de ce chef à la formule n° 2.

OBSERVATIONS GÉNÉRALES

1o Le mot *exclusivement* a été employé de préférence à celui d'*inclusivement*, surtout pour les réquisitions d'états individuels, souvent urgents, et en voici la raison : soit que la réquisition dé-posée à la date courante contienne le mot inclusivement, soit qu'elle soit muette à cet égard (et alors elle est interprétée dans le sens le plus large), elle ne peut être exécutée que le lendemain ; il y a donc avantage à se servir du mot exclusivement, si l'on veut ob-tenir satisfaction le jour même. — Le mot *contre* a été préféré à celui de *du chef de,* parce que cette seconde expression signifie « exerçant les droits de », et, par suite, est ambiguë (J. C. 3374, p. 188)

2° Une formule plus brève que celle qui a été choisie pour carac-tériser les inscriptions à délivrer eût été celle-ci : Etat des inscrip-tions autres que celles *radiées ou périmées* ; mais elle eût été moins précise. En effet, le Conservateur n'est pas juge des causes qui peuvent s'opposer à la péremption, et M. Le Royer, ministre de la justice, a pu dire, dans l'exposé des motifs de la loi du 20 dé-cembre 1879 : « Les Conservateurs soutiennent, dans l'intérêt de leur responsabilité, qu'il ne suffit pas de requérir la délivrance des inscriptions *non périmées*, attendu qu'il ne leur *appartient pas* de se faire juges des causes de déchéance des formalités. Ils prétendent, *non sans raison*, que les parties doivent expliquer catégoriquement l'objet de leur demande. » (Passage cité à l'art. 3227, J. C. et par M. Beauvallet. États sur transc. princ. génér.). Il suffirait que cette expression ait été sujette à interprétation dans cette circons-tance pour avoir été rejetée. A ce propos, qu'il soit permis de rap-peler que la loi du 20 décembre 1879 a fait rentrer dans le droit commun les inscriptions dont, en vertu des décrets des 9 septem-bre et 3 octobre 1870, le délai de péremption avait été prorogé de onze mois environ. Quand les recherches porteront sur une période embrassant les inscriptions qui ont profité desdits décrets, ce sera le cas de déposer des réquisitions déterminant bien l'étendue des investigations. — Les mots « *ayant une existence légale* », appliqués aux inscriptions, sont absolument impropres, et ne doivent pas être tolérés, puisque les inscriptions ayant produit leur effet, et qui ont une existence légale, peuvent durer trente ans. Quant aux expressions *inscriptions subsistantes*, deux systèmes sont en présence :

Premier système. — « Les inscriptions subsistantes sont toutes celles qui existent sur le registre du Conservateur, et qui ne sont ni radiées, ni périmées ; les inscriptions qui ne doivent pas figurer sur les états sont celles périmées, ou celles qui n'étant pas périmées, ont été renouvelées tous les dix ans ; dans ce dernier cas, le Conservateur doit se borner à relater l'inscription prise en renouvellement. (C. Angers, 9 février 1827 ; C. Limoges, 15 février 1842 ; C. Paris, 21 avril 1842, 18 janvier et 9 août 1845 ; Cass. 4 avril 1849, etc.). »

Deuxième système. — « Il faut tenir pour principe que toutes les fois qu'il résulte des actes transcrits que les inscriptions sont anéanties par l'accomplissement d'une condition résolutoire, d'un retrait, d'un retour conventionnel, d'un partage, le Conservateur doit s'abstenir d'en fournir les extraits ; sa responsabilité ne peut être compromise, puisque les inscriptions ne peuvent plus produire effet. » (Nogent-le-Rotrou, 21 août 1841 et divers auteurs). « Si, (disent les partisans de ce second système), comme le déclare la Cour d'Angers, le certificat délivré par le Conservateur doit être la copie fidèle de son registre, il doit, dit M. Amiaud, dans la *Revue du Notariat*, délivrer aussi les inscriptions périmées, même celles radiées, la loi n'a pas fait d'exception ; elles subsistent encore matériellement sur le registre. » — Extrait du J. C., art. 2672.

Voir la saisissante espèce qui fait l'objet de l'art. 278 R. h. ; cet article offre la preuve la plus convaincante de l'équivoque à laquelle prêtent les mots *inscriptions subsistantes*.

3° Aux termes de l'art 6 de la loi du 23 mars 1855, « le vendeur et le co partageant peuvent inscrire leur privilège dans les quarante-cinq jours de l'acte de vente ou de partage, nonobstant toute transcription d'actes faits dans ce délai. » Les acquéreurs ont donc à se préoccuper non-seulement des questions de purge des hypothèques occultes (sauf au cas d'expropriation forcée ou pour cause d'utilité publique), mais encore des cas exceptionnels dans lesquels des inscriptions pourraient utilement survenir dans les quarante-cinq jours de la transcription de leur acte d'acquisition, tant au point de vue du droit de suite, qu'au point de vue du droit de préférence sur le prix. (Voir art. 2109 C. C.).

4° D'après l'art. 22 de la loi du 13 brumaire an VII, les certificats d'actes transcrits ne peuvent être mis sur un état d'inscriptions; cependant l'Administration, use, à cet égard, de la plus complète tolérance. (Dict. Rédact. V. Hyp. 382).

5° « Le Conservateur ne saurait être tenu de ne remettre qu'un seul état après la transcription de plusieurs contrats, bien que ces ventes aient été consenties par la même personne, qu'elles portent la même date et qu'elles soient présentées le même jour de la transcription. » 'M. Beauvallet. Etat sur trans., art. 73 — R. h., art. 591, IV). Ce principe s'applique naturellement aux échanges, qui se subdivisent en deux acquisitions : « La délivrance d'un seul état aurait de graves inconvénients, dans le cas où quelques-uns des acquéreurs seulement rempliraient les formalités prescrites par l'article 2183 C. c. Ceux-ci seraient tenus de faire la notification à tous les créanciers figurant dans cet état. Un créancier ayant une hypothèque générale sur un précédent propriétaire d'un immeuble acquis par un autre que ceux qui font la purge, portera une surenchère; avant l'adjudicaton, il sera établi que l'hypothèque de ce créancier n'atteint pas les immeubles soumis à la purge. Dans cette position, la surenchère sera annulée, et le surenchérisseur, pour recouvrer les frais restant à sa charge, s'adressera à l'acquéreur et au Conservateur, qui l'auront induit en erreur par le certificat ayant servi de base à la notification. » (J. C., art. 13 et 2031. — Sol. adm. du 13 sept. 1863). — Contrà, Bone, 22 mai 1883. — Voir pour le résumé de la jurisprudence, art. 3499 J. C. Mais on peut certifier par un seul état sur plusieurs contrats transcrits, à la condition de transformer les états sur transcription en état individuel restreint aux immeubles vendus (R. h.; art. 509).

6° D'après l'arrêt de cass. du 6 janvier 1891, les parties ont le droit de requérir des tronçons d'états sur transcription. La formule n° 6 pouvant servir pour la généralité des cas, sera modifiée suivant les circonstances, le vœu ou l'intérêt des parties. Mais alors le Conservateur a le droit d'exiger que la réquisition contienne des renseignements suffisants pour le dispenser de recourir à la transcription (indication des immeubles, désignation des anciens propriétaires sur lesquels il est requis, énonciation des titres), ainsi que l'a décidé le tribunal de la Flèche, suivant jugement du 22 mars 1888, cité au n° 293 de la R. h.. — Voir art. 278 et 779 R h. — On ne doit pas oublier non plus que le Conservateur n'est pas tenu de se livrer à des recherches *extrinsèques* 'Cass. 26 avril 1882), et qu'il n'est pas responsable des erreurs provenant d'indications incomplètes, notamment l'insuffisance de dénomination et le défaut d'indication des domiciles des précédents possesseurs.

7° Les réquisitions doivent être préparées hors de la conservation, et il ne peut y être répondu que par un état ou certificat sur timbre. Quand les requérants se présentent en personne et sont illettrés, il est permis au Conservateur de rédiger ou laisser rédiger les réquisitions par les commis.

8° Les Conservateurs ne doivent point sortir de leur rôle passif en donnant des consultations ou avis (Art 731 R h.).

9° On ne peut, sans entrer dans de trop longs développements, prévoir tous les cas qui donnent lieu à une réquisition d'état. Il appartient aux parties ou à leurs conseils de se rendre compte de l'opportunité de ces réquisitions, et de modifier, suivant leurs convenances, les diverses formules ci-dessus, qui ne sauraient être imposées.

10° Il est bon de rappeler que chaque Conservateur, agissant dans la plénitude de sa responsabilité, ne peut être lié ou engagé par les errements de ses collègues, et se meut, sous certains rapports, dans une sphère qui lui est personnelle.

11 ° Les Conservateurs qui jugeraient à propos de se contenter de réquisitions conçues en termes sujets à interprétation, pourraient adopter, dans la rédaction des certificats délivrés en réponse à ces réquisitions, les expressions exactes qui leur sont proposées ci-dessus, et atténuer par ce moyen le danger auquel ils s'exposent. MM. les notaires ne pourraient s'en plaindre, car il ne peut entrer dans leur pensée de déplacer, en se servant par habitude d'expres-

sions défectueuses, la responsabilité réelle qui leur incombe, en tant que maîtres de leur rédaction.

Ici s'arrêtait l'étude annoncée par la préface. Mais un collègue bienveillant et autorisé, dont les observations fondées ont déterminé l'auteur de l'opuscule à y introduire quelques modifications, propose d'y ajouter l'observation ci-dessous reproduite.

Qu'il soit permis d'exposer à MM. les notaires qu'ils n'ont aucun intérêt à employer, dans les bordereaux d'inscription, ces formules d'une longueur démesurée, qui font le désespoir des Conservateurs, et nuisent à la prompte expédition des affaires, tout en entraînant pour leurs clients des frais de timbre absolument frustratoires, qui se répercutent à chaque demande d'état.

L'inscription est complète, quand elle contient les indications prescrites par l'art. 2148 C. c., et la mention du renouvellement, s'il y a lieu. L'indication des titres suffit, sans qu'il soit besoin de les analyser, de même pour les conditions, dont l'énumération nécessaire dans l'acte, ne fait qu'allonger l'inscription, sauf peut-être pour la clause d'anatocisme (1154 C. c.)

Quelques Conservateurs ont pris le parti de fournir gratuitement aux notaires de leur arrondissement des formules imprimées de bordereaux, ainsi conçues :

Inscription d'hypothèque conventionnelle et légale est requise au bureau des hypothèques..... au profit de...... pour lequel domicile est élu...... contre......... En vertu d'un acte d'obligation pour prêt reçu par M^e......., notaire à..... le....... enregistré, contenant en outre cession par Mme...... à M........ des créances et reprises à elle dues par son mari jusqu'à concurrence de la somme prêtée, avec tous intérêts et accessoires, et subrogation dans l'effet de son hypothèque légale contre son mari résultant de tous titres qu'il appartiendra, et de la loi. Pour sûreté : 1° de la somme de..... principal de l'obligation précitée, exigible le....., et jusqu'à son remboursement productive d'intérêts à... o|o par an, payable le..... de chaque année, ci.... 2° des intérêts conservés par la loi, mémoire ; 3° des frais de mise à exécution et autres accessoires, s'il y a lieu, évalués approximativement à....(1) Total, sauf l'article porté pour mémoire. .. Par hypothèqué conventionnelle, sur...................... Et par hypothèque légale sur les biens présents et à venir de M...... situés dans l'étendue du bureau des hypothèques de. ...

(1) Pour assurer aux accessoires de la créance *le même rang qu au capital,* l'inscription doit en indiquer le montant ou en donner l'évaluation. Le créancier qui aurait négligé d'évaluer les intérêts ou arrérages échus, les dommages-intérêts, le coût des inscriptions, les droits avancés pour l'obtention ou l'enregistrement de son titre, les dépens à lui dus par suite de constestations relatives à la validité ou à l'exécution de ce titre, ne pourrait, en ce qui les concerne, réclamer le bénéfice de son hypothèque, à moins qu'il n'eût réparé cette omission au moyen d'une inscription supplémentaire, dont l'effet, toutefois ne remonterait pas au delà de sa date. (Aubry et Rau, III, nᵒ 274 ; Troplong, III, 683 : Duranton, XX, 123 et 125 ; Laurent, XXXI, 64; P. Pont, 991 ; Dalloz, priv. et hyp., nᵒ 1563 ; Hervieu, priv. et hyp., vᵒ insc., § 5, nᵒ 1 ; Cassation, 14 août 1883 ; Grenoble, 2 mai 1870, D. P., 71, 5.217 ; J. C. 3695 ; Sol. adm. du 15 mars 1886). — (Note de l'auteur).